TRANSLATED

Translated Language Learning

Die Affenpfote
The Monkey's Paw

W.W. Jacobs

Deutsch / English

Copyright © 2023 Tranzlaty
All rights reserved.
Published by Tranzlaty
ISBN: 978-1-83566-259-5
Original text by W.W. Jacobs
The Monkey's Paw
First published in English in 1902
www.tranzlaty.com

- Erster Teil -
- Part One -

Draußen war die Nacht kalt und nass
outside the night was cold and wet
aber in dem kleinen Salon der Villa Laburnam war alles in Ordnung
but all was well in the small parlour of Laburnam Villa
Das Feuer brannte hell und die Jalousien waren zugezogen
the fire burned brightly and the blinds were drawn
Die weißhaarige alte Dame strickte am Feuer
the white-haired old lady was knitting by the fire
Und Vater und Sohn spielten fleißig Schach
and father and son were busy playing chess
Der Vater liebte es, das Spiel gefährlich zu spielen
the father liked to play the game dangerously
Er brachte seinen König oft in unnötige Gefahren
he often put his king into unnecessary perils
Und diesmal hatte er den König zu sehr entblößt
and this time he had left the king too exposed
Er hatte den Fehler eingesehen, den er gemacht hatte
he had seen the mistake he made
Aber es war zu spät, um es zu ändern
but it was too late to change it
"Lauschen Sie auf den Wind!" sagte Mr. White liebenswürdig
"Hark at the wind!" said Mr. White, amiably
Er versuchte, seinen Sohn davon abzulenken, den Fehler zu sehen
he tried to distract his son from seeing the mistake
"Ich höre zu", sagte der Sohn
"I'm listening," said the son

obwohl er grimmig die Tafel musterte
although he was grimly surveying the board
Er hat den König in Schach gehalten
he put the king into check
"Ich kann mir nicht vorstellen, daß er heute abend kommt", sagte sein Vater
"I can't imagine he'll come tonight," said his father
Und er ging hin, um seine Hand an die Tafel zu legen
and he went to put his hand to the board
"Und Schachmatt", fügte der Sohn hinzu
"and check mate," added the son
Mr. White war für einen Augenblick ganz von Zorn überwältigt
Mr. White was quite overcome with anger for a moment
"Das ist das Problem, wenn man so weit draußen lebt!"
"That's the problem with living so far out!"
"Es ist so ein tierischer Ort zum Leben"
"it's such a beastly place to live in"
"Und es ist zu weit aus dem Weg"
"and it's too far out of the way of things"
"Der Weg zum Haus ist ein Sumpf"
"The pathway to the house is a bog"
"Und die Straße ist jetzt wahrscheinlich ein reißender Strom"
"and the road's probably a torrent by now"
"Ich weiß nicht, was sich die Leute dabei gedacht haben!"
"I don't know what the people were thinking!"
"Vielleicht, weil nur zwei Häuser in der Straße vermietet sind"
"perhaps because only two houses in the road are let"
"Sie müssen denken, dass es keine Rolle spielt"
"they must think that it doesn't matter"

"Macht nichts, mein Lieber", sagte seine Frau beschwichtigend
"Never mind, dear," said his wife, soothingly
"Vielleicht gewinnst du das nächste Spiel"
"perhaps you'll win the next game"
Mutter und Sohn warfen sich einen wissenden Blick zu
mother and son shared a knowing glance
Mr. White blickte gerade noch rechtzeitig auf, um es zu bemerken
Mr. White looked up just in time to notice
Die Worte erstarben auf seinen Lippen
The words died away on his lips
Er verbarg ein schuldbewusstes Grinsen in seinem dünnen grauen Bart
he hid a guilty grin in his thin grey beard
Es gab einen lauten Knall am Tor
there was a loud bang at the gate
"Da ist er", sagte Herbert White
"There he is," said Herbert White
und schwere Schritte kamen auf die Tür zu
and heavy footsteps came towards the door
Der Alte erhob sich mit gastfreundlicher Hast
The old man rose with hospitable haste
Er öffnete seinem Freund die Tür
he opened the door for his friend
Und man hörte, wie er dem Neuankömmling sein Beileid aussprach
and he was heard condoling with the new arrival
Schließlich rief Mrs. White die Männer herein
eventually Mrs. White called the men in
Sie hustete leise, als ihr Mann das Zimmer betrat
she coughed gently as her husband entered the room

Ihm folgte ein großer, stämmiger Mann
he was followed by a tall, burly man
Er war wulstig von den Augen und rötlich von Gesicht
he was beady of eye, and rubicund of visage
"Sergeant-Major Morris", sagte er, als er seinen Freund vorstellte
"Sergeant-Major Morris," he said, introducing his friend
Der Sergeant-Major schüttelte die Hand
The sergeant-major shook hands
Und er nahm den angebotenen Platz am Feuer ein
and he took the proffered seat by the fire
Sein Gastgeber holte den Whisky und die Becher heraus
his host got out the whiskey and tumblers
Und er stellte einen kleinen kupfernen Kessel aufs Feuer
and he put a small copper kettle on the fire

Nach seinem dritten Whiskey wurden seine Augen heller
After his third whiskey his eyes got brighter
Und allmählich fing er an, freier zu reden
and gradually he began to talk more freely
Die kleine Familie umkreiste ihren Besucher
the little family circled their visitor
Er stützte seine breiten Schultern auf dem Stuhl
he squared his broad shoulders in the chair
Und er sprach von wilden Szenen und zähen Taten
and he spoke of wild scenes and doughty deeds
Er sprach von Kriegen und Seuchen und seltsamen Völkern
he spoke of wars and plagues and strange peoples
"Einundzwanzig Jahre", sagte Mr. White

"Twenty-one years of it," said Mr. White
Und er nickte seiner Frau und seinem Sohn zu
and he nodded to his wife and son
"Er hat damals nur im Lager gearbeitet"
"he was just working in the warehouse then"
"Als er wegging, war er noch ein Jüngling"
"When he went away he was just a youth"
"Jetzt schau ihn dir an, nach all den Jahren"
"Now look at him, after all these years"
obgleich Mrs. White ihm höflich schmeichelte;
although Mrs. White politely flattered him;
"Er sieht nicht so aus, als wäre er allzu beschädigt worden"
"He doesn't look like he has been too damaged"
"Ich möchte selbst nach Indien gehen", sagte der Alte
"I'd like to go to India myself," said the old man
"Nur um mich ein bisschen umzusehen, weißt du"
"just to look around a bit, you know"
aber der Sergeant-Major riet davon ab
but the sergeant-major advised against it
"Du bist besser dran, wo du bist"
"you're better off where you are"
Er schüttelte den Kopf bei der Erinnerung
he shook his head at the memory
Er stellte das leere Glas Whisky ab
He put down the empty glass of whiskey
Leise seufzend schüttelte er wieder den Kopf
sighing softly, he shook his head again
Aber der Alte träumte weiter davon
but the old man continued to dream of it
"Ich würde gerne diese alten Tempel sehen"
"I would like to see those old temples"
"Und ich möchte die Fakire und Gaukler sehen"

"and I'd like to see the fakirs and jugglers"
"Was hast du mir neulich gesagt?"
"What is it you were telling me the other day?"
"War es nicht irgendwas mit einer Affenpfote, Morris?"
"wasn't it something about a monkey's paw, Morris?"
"Nichts," sagte der Soldat hastig
"Nothing," said the soldier, hastily
"Es ist nichts Hörenswertes"
"it's nothing worth hearing about"
"Eine Affenpfote?" fragte Mrs. White neugierig
"a monkey's paw?" said Mrs. White, curiously
Der Sergeant-Major wußte, daß er ein wenig erklären mußte
the sergeant-major knew he had to explain a little
"Nun, es ist nur ein bisschen von dem, was man Magie nennen könnte."
"Well, it's just a bit of what you might call magic"
Seine drei Zuhörer beugten sich eifrig vor
His three listeners leaned forward eagerly
Der Besucher setzte sein leeres Glas an die Lippen
The visitor put his empty glass to his lips
Einen Augenblick lang hatte er vergessen, wo er war
for a moment he had forgot where he was
Und dann stellte er das Glas wieder ab
and then he put the glass down again
Sein Gastgeber füllte freundlicherweise das Glas für ihn auf
His host kindly refilled the glass for him
Er kramte in seiner Tasche nach etwas
he fumbled in his pocket for something
"Zum Anschauen ist es nur eine gewöhnliche kleine Pfote"
"To look at, it's just an ordinary little paw"

"Es ist so gut wie zu einer Mumie vertrocknet"
"it has all but dried to a mummy"
Und er zog etwas aus der Tasche
and he took something out of his pocket
Er bot es jedem an, der es wollte
he offered it to anyone who wanted it
Mrs. White wich mit einer Grimasse zurück
Mrs. White drew back with a grimace
Aber ihr Sohn zögerte nicht, die Gelegenheit zu ergreifen
but her son didn't hesitate at the opportunity
Und er nahm dem Gast die Affenpfote ab
and he took the monkey paw from the guest
Er betrachtete es mit großer Neugier
he examined it with great curiosity
Bald war sein Vater an der Reihe, die Affenpfote zu halten
soon it was his dad's turn to hold the monkey paw
Nachdem er es untersucht hatte, legte er es auf den Tisch
having examined it, he placed it upon the table
"Und was ist das Besondere daran?", fragte er
"And what is so special about it?" he asked
"Er war mit einem Zauber belegt", sagte der Sergeant-Major
"It had a spell put on it," said the sergeant-major
"Er war ein alter Fakir; ein sehr heiliger Mann"
"he was an old fakir; a very holy man"
"Und er wollte den Menschen eine Lektion erteilen"
"and he wanted to teach people a lesson"
"Er wollte zeigen, dass das Schicksal unser Leben bestimmt"
"He wanted to show that fate ruled our lives"

"Mischen Sie sich nicht in das Schicksal ein", warnte er
"don't interfere with fate," he warned
"Also hat er einen Zauber auf die Pfote gelegt"
"so he put a spell on the paw"
"Drei Männer könnten die Affenpfote haben"
"three men could have the monkey paw"
"Jeder von ihnen könnte drei Wünsche davon haben"
"they could each have three wishes from it"
Seine Zuhörer fanden die Geschichte ziemlich lustig
his audience found the story quite funny
Aber ihr Lachen fühlte sich schnell unangebracht an
but their laughter quickly felt inappropriate
Der Geschichtenerzähler lachte sicher nicht
the story teller certainly wasn't laughing
Herbert versuchte, die Stimmung im Raum aufzuhellen
Herbert tried to lighten the mood in the room
"Nun, warum haben Sie nicht drei Wünsche, Sir?"
"Well, why don't you have three wishes, sir?"
Diejenigen, die Erfahrung haben, haben ein Schweigen über sie
those with experience have a quiet about them
Der Soldat betrachtete den Jüngling ruhig
the soldier calmly regarded the youth
"Ich habe meine Wünsche gehabt", sagte er leise
"I've had my wishes," he said, quietly
und sein fleckiges Gesicht wurde ernst weiß
and his blotchy face turned a grave white
"Und haben Sie wirklich die drei Wünsche erfüllt bekommen?"
"And did you really have the three wishes granted?"
"Mir wurde mein Wunsch erfüllt", bestätigte der Sergeant-Major

"I had my wishes granted," confirmed the sergeant-major

"Und hat noch jemand gewünscht?" fragte die alte Dame

"And has anybody else wished?" asked the old lady

"Der erste Mann hatte seine drei Wünsche," lautete die Antwort

"The first man had his three wishes," was the reply

"Ich weiß nicht, was die ersten beiden Wünsche waren"

"I don't know what the first two wishes were"

"Aber der dritte Wunsch war der Tod"

"but the third wish was for death"

"So bin ich an die Affenpfote gekommen"

"That's how I got the monkey's paw"

Sein Ton war sehr ernst geworden

His tones had gotten very grave

Eine dunkle Stille legte sich über die Gruppe

a dark hush fell upon the group

"Sie haben Ihre drei Wünsche erfüllt", überlegte Mr. White

"you've had your three wishes," pondered Mr. White

"Es nützt Ihnen jetzt nichts, Morris."

"it's no good to you now, then, Morris"

"Wofür bewahrst du es auf?"

"What do you keep it for?"

Der Soldat schüttelte den Kopf

The soldier shook his head

"Es ist eine Erinnerung, nehme ich an", sagte er langsam

"it's a reminder, I suppose," he said, slowly

"Ich hatte die Idee, es zu verkaufen"

"I did have some idea of selling it"

"aber ich glaube nicht, dass ich es verkaufen werde"
"but I don't think I will sell it"
"Es hat schon genug Unheil angerichtet"
"It has caused enough mischief already"
"Außerdem werden die Leute es nicht kaufen"
"Besides, people won't buy it"
"Sie denken, es ist ein Märchen"
"They think it's a fairy tale"
"Manche sind ein bisschen neugieriger als andere"
"some are a little more curious than others"
"Aber sie wollen es erst versuchen, bevor sie mich bezahlen"
"but they want to try it first before paying me"
fragte ihn der Alte mit aufrichtiger Neugier
the old man asked him with genuine curiosity
"Möchtest du noch drei Wünsche haben?"
"would you want to have another three wishes?"
"Ich weiß nicht..." sagte der Soldat: "Ich weiß es nicht."
"I don't know..." said the soldier, "I don't know"

Er nahm die Pfote vom Tisch
He took the paw from the table
Und er ließ es zwischen Zeigefinger und Daumen baumeln
and he dangled it between his forefinger and thumb
Plötzlich warf er es ins Feuer
suddenly he threw it into the fire
Die Familie schrie überrascht und erschrocken auf
the family cried out in surprise and shock
vor allem aber schrien sie vor Bedauern
but most of all they cried out with regret
Mr. White bückte sich und riss es aus dem Feuer
Mr White stooped down and snatched it out the fire

"Laß es lieber brennen", sagte der Soldat
"Better let it burn," said the soldier
"Wenn du es nicht willst, Morris, gib es mir"
"If you don't want it, Morris, give it to me"
"Ich gebe es dir nicht", sagte sein Freund hartnäckig
"I won't give it to you," said his friend, doggedly
"Ich wollte es ins Feuer werfen"
"I meant to throw it on the fire"
"Wenn du es behältst, gib mir nicht die Schuld für das, was passiert"
"If you keep it, don't blame me for what happens"
"Wirf es wieder ins Feuer wie ein vernünftiger Mann"
"Pitch it on the fire again like a sensible man"
Aber der Alte schüttelte den Kopf
but the old man shook his head
Stattdessen untersuchte er seinen neuen Besitz genau
instead, he examined his new possession closely
"Wie machen Sie das?" fragte er
"How do you do it?" he inquired
"Du musst es in der rechten Hand halten"
"you have to hold it up in your right hand"
"Dann müssen Sie laut wünschen," sagte der Sergeant-Major
"then you have to wish aloud," said the sergeant-major
"Aber ich warne dich vor den Konsequenzen"
"but I warn you of the consequences"
"Klingt wie aus Tausendundeiner Nacht", sagte Mrs. White
"Sounds like the Arabian Nights," said Mrs. White
Und sie erhob sich und fing an, das Abendbrot zu decken
and she rose and began to set the supper
"Für mich könnte man sich vier Paar Hände wünschen"

"you could wish for four pairs of hands, for me"
Ihr Mann hielt den Talisman hoch
Her husband held the talisman up
Der Sergeant-Major faßte ihn am Arm
the sergeant-major caught him by the arm
Und er hatte einen Ausdruck der Besorgnis auf seinem Gesicht
and he had a look of alarm on his face
Und dann brachen alle drei in Gelächter aus
and then all three burst into laughter
Aber der Gast war nicht so amüsiert wie seine Gastgeber
but the guest was not as amused as his hosts
"Wenn du dir etwas wünschen musst, wünsch dir etwas Vernünftiges"
"If you must wish, wish for something sensible"
Mr. White steckte die Pfote in die Tasche
Mr. White dropped the paw into his pocket
Das Abendessen war nun fast vorbereitet
supper had now almost been set up
Mr. White stellte die Stühle um den Tisch herum
Mr White placed the chairs around the table
Und er winkte seinem Freund, zum Essen zu kommen
and he motioned his friend to come and eat
Das Abendbrot wurde interessanter als der Talisman
supper became more interesting than the talisman
und der Talisman geriet teilweise in Vergessenheit
and the talisman was partly forgotten
Jedenfalls gab es noch mehr Geschichten aus Indien
anyway, there were more tales from India
und der Gast unterhielt sie mit anderen Geschichten
and the guest entertained them with other stories

Der Abend war sehr angenehm gewesen
the evening had been very enjoyable
Morris fuhr gerade noch rechtzeitig los, um den letzten Zug zu erwischen
Morris left just in time to catch the last train
Herbert hatte sich am meisten über die Geschichten unterhalten
Herbert had been most entertained by the stories
"Stellen Sie sich vor, alle Geschichten, die er uns erzählt hat, wären wahr"
"imagine if all the stories he told us are true"
"Stell dir vor, die Affenpfote wäre wirklich verzaubert"
"imagine if the monkey's paw really was enchanted"
"Wir werden es mit einer Prise Salz nehmen"
"we shall take it with a pinch of salt"
Mrs. White war auch neugierig darauf
Mrs. White was curious about it too
"Hast du ihm etwas dafür gegeben, Vater?"
"Did you give him anything for it, father?"
Und sie beobachtete ihren Mann genau
and she watched her husband closely
"Eine Kleinigkeit," sagte er, leicht errötend
"A trifle," said he, colouring slightly
"Er wollte es nicht, aber ich habe ihn dazu gebracht, es zu nehmen"
"He didn't want it, but I made him take it"
"Und er drängte mich wieder, es wegzuwerfen"
"And he pressed me again to throw it away"
"Du mußt!" sagte Herbert mit gespieltem Entsetzen
"you must!" said Herbert, with pretended horror
"Nun, wir werden reich und berühmt und glücklich sein"
"Why, we're going to be rich, and famous and happy"

"Du solltest dir wünschen, Kaiser zu werden, Vater"
"you should make the wish to be an emperor, father"
Und er musste um den Tisch herumlaufen, um den Witz zu beenden
and he had to run around the table to finish the joke
"Dann wirst du nicht von den Hühnern gepickt"
"then you won't be pecked by the hens"
Seine Mutter jagte ihn mit einem Geschirrtuch
his mum was chasing him with a dishcloths
Mr. White zog die Pfote aus der Tasche
Mr. White took the paw from his pocket
Er beäugte zweifelnd die Tatze des mumifizierten Affen
he eyed the mummified monkey's paw dubiously
"Ich weiß nicht, was ich mir wünschen soll"
"I don't know what to wish for"
"Und das ist eine Tatsache", sagte er langsam
"and that's a fact," he said, slowly
"Mir scheint, ich habe alles, was ich will"
"It seems to me I've got all I want"
"Aber du könntest das Haus abbezahlen", schlug Herbert vor
"but you could pay off the house," suggested Herbert
"Stell dir vor, wie glücklich du dann wärst!"
"imagine how happy you'd be then!"
"Du machst einen guten Punkt", lachte sein Vater
"you make a good point," his dad laughed
"Nun, dann wünschen Sie sich zweihundert Pfund."
"Well, wish for two hundred pounds, then"
"Das würde für die Hypothek reichen"
"that would be enough for the mortgage"
Er mußte erröten über seine eigene Leichtgläubigkeit
he had to blush at his own credulity

aber er hielt den Talisman mit der rechten Hand hoch
but he held up the talisman with his right hand
Sein Sohn zeigte seinem Vater ein ernstes Gesicht
his son showed a solemn face to his father
aber nebenbei zwinkerte er seiner Mutter zu
but, to the side, he winked to his mother
Und er setzte sich ans Klavier
and he sat down at the piano
Und er schlug ein paar ernst klingende Akkorde an
and he struck a few serious sounding chords
Der Alte äußerte deutlich seinen Wunsch
the old man distinctly made his wish
"Ich wünsche mir zweihundert Pfund"
"I wish for two hundred pounds"
Ein feines Crescendo des Klaviers begrüßte die Worte
A fine crescendo from the piano greeted the words
Aber dann kam ein schaudernder Schrei von dem alten Mann
but then a shuddering cry came from the old man
Seine Frau und sein Sohn rannten auf ihn zu
His wife and son ran towards him
"Sie bewegte sich," rief er, "die Hand bewegte sich!"
"It moved," he cried, "the hand moved!"
Er blickte angewidert auf den Gegenstand auf dem Boden
he looked with disgust at the object on the floor
"Als ich meinen Wunsch äußerte, drehte er sich in meiner Hand"
"As I made my wish it twisted in my hand"
"Es bewegte sich in meiner Hand wie eine Schlange"
"it moved in my hand like a snake"
"Nun, ich sehe das Geld nicht", sagte sein Sohn
"Well, I don't see the money," said his son

Er hob die Pfote vom Boden auf
he picked the paw from the floor
Und er legte die verwelkte Hand auf den Tisch
and he placed the withered hand on the table
"Und ich wette, ich werde das Geld nie sehen"
"and I bet I never shall see the money"
"Es muß deine Einbildung gewesen sein, Vater," sagte seine Frau
"It must have been your fancy, father," said his wife
"Die Vorstellungskraft hat eine Art, Streiche zu spielen"
"imaginations do have a way of playing tricks"
aber sie fuhr fort, ihn ängstlich zu betrachten
but she continued to regard him anxiously
Er beruhigte sich und schüttelte den Kopf
He collected his calm and shook his head
"Macht nichts, es ist kein Schaden entstanden"
"Never mind, though, there's no harm done"
"Aber es hat mir einen ziemlichen Schock gegeben"
"but it did give me quite a shock"

Sie setzten sich wieder ans Feuer
They sat down by the fire again
Die beiden Männer rauchten den Rest ihrer Pfeifen
the two men smoked the rest of their pipes
Draußen wehte der Wind stärker denn je
outside, the wind was stronger than ever
Der alte Mann war die ganze Nacht nervös
the old man was on edge all night
Eine Tür im Obergeschoss schloss sich mit einem Knall
a door upstairs shut itself with a bang
Und er ist fast aus der Haut gesprungen

and he almost jumped out of his skin
Eine ungewöhnliche und bedrückende Stille legte sich über den Raum
an unusual and depressing silence settled upon the room
schließlich zog sich Herbert für die Nacht zurück
eventually Herbert retired for the night
Aber er konnte nicht anders, als sie noch ein wenig mehr zu necken
but he couldn't help teasing them a little more
"Ich gehe davon aus, dass das Geld gebunden ist"
"I expect you'll find the cash tied up"
"Es wird alles in der Mitte deines Bettes sein"
"it'll all be in the middle of your bed"
"Aber es wird etwas Schreckliches in deinem Zimmer sein"
"but there'll be something horrible in your room"
"Es wird auf dem Kleiderschrank hocken"
"it will be squatting on top of the wardrobe"
"Und es wird dir dabei zusehen, wie du deine unrechtmäßig erworbenen Gewinne einsteckst"
"and it'll watch you as you pocket your ill-gotten gains"
"Gute Nacht, Mutter, gute Nacht, Vater"
"good night mother, good night father"
Auch Mrs. White ging bald zu Bett
Mrs. White soon went to bed too
Der alte Mann saß allein in der Dunkelheit
The old man sat alone in the darkness
Er verbrachte einige Zeit damit, das erlöschende Feuer zu betrachten
he spend some time gazing at the dying fire
Im Feuer konnte er schreckliche Gesichter sehen
in the fire he could see horrible faces
Sie hatten etwas seltsam Affenähnliches an sich

they had something strangely ape-like to them
Und er konnte nicht anders, als erstaunt zu starren
and he couldn't help gazing in amazement
Aber es wurde alles ein wenig zu lebhaft
but it all got a little too vivid
Mit einem unbehaglichen Lachen griff er nach dem Glas
with an uneasy laugh he reached for the glass
Er wollte etwas Wasser ins Feuer gießen
he was going to throw some water on the fire
aber seine Hand stieß zufällig auf die Pfote des Affen
but his hand happened upon the monkey's paw
Ein kleiner Schauer lief ihm über den Rücken
a little shiver ran down his spine
Er wischte sich die Hand an seinem Mantel ab
he wiped his hand on his coat
Und schließlich ging er auch zu Bett
and finally he also went up to bed

- Zweiter Teil -
- Part Two -

Im Glanz der Wintersonne am nächsten Morgen
In the brightness of the wintry sun the next morning
die Sonne schien über den Frühstückstisch
the sun streamed over the breakfast table
Er lachte über seine Ängste vom Vorabend
He laughed at his fears from the previous night
Es lag ein Hauch von prosaischer Bekömmlichkeit im Raum
There was an air of prosaic wholesomeness in the room
Dieser Optimismus hatte am Vorabend gefehlt
the mood had lacked this optimism on the previous night
Die schmutzige, verschrumpelte kleine Pfote wurde auf die Anrichte gelegt
The dirty, shrivelled little paw was put on the sideboard
Die Pfote wurde etwas nachlässig dort hingelegt
The paw was put there somewhat carelessly
als gäbe es keinen großen Glauben an seine Tugenden
as if there was no great belief in its virtues
"Ich glaube, alle alten Soldaten sind gleich", sagte Mrs. White
"I suppose all old soldiers are the same," said Mrs. White
"Komisch, wenn man bedenkt, dass wir uns so einen Unsinn angehört haben!"
"funny to think we were listening to such nonsense!"
"Wie können Wünsche in diesen Tagen erfüllt werden?"
"How could wishes be granted in these days?"
"Und wie können dir zweihundert Pfund schaden, Vater?"

"And how could two hundred pounds hurt you, father?"
Herbert hatte auch dafür einen Witz parat
Herbert had a joke for this too
"Es könnte ihm vom Himmel auf den Kopf fallen"
"it might drop on his head from the sky"
Aber sein Vater fand das alles immer noch nicht lustig
but his father still didn't find it all funny
"Morris sagte, die Dinge seien ganz natürlich passiert"
"Morris said the things happened very naturally"
"Man könnte, wenn man wollte, es dem Zufall zuschreiben"
"you might, if you so wished, attribute it to coincidence"
Herbert erhob sich vom Tisch, machte aber noch einen letzten Scherz
Herbert rose from the table, but made one last joke
"Nun, fang nicht an, das Geld auszugeben, bevor ich zurückkomme"
"Well, don't start spending the money before I come back"
"Ich fürchte, es wird dich in einen gemeinen, habgierigen Mann verwandeln"
"I'm afraid it'll turn you into a mean, avaricious man"
"Und dann werden wir dich verleugnen müssen"
"and then we shall have to disown you"
Die Mutter lachte und folgte ihm zur Tür
His mother laughed and followed him to the door
Sie beobachtete ihn die Straße hinunter
She watched him down the road
Dann kehrte sie an den Frühstückstisch zurück
then she returned back to the breakfast table
Sie war sehr glücklich auf Kosten der Leichtgläubigkeit ihres Mannes
she was very happy at the expense of her husband's

credulity
aber sie eilte zur Tür, als der Postbote klopfte
but she did hurry to the door when the postman knocked
Der Briefträger hatte ihr eine Rechnung vom Schneider gebracht
the postman had brought her a bill from the tailor
Und sie kommentierte wieder die Affenpfote
and she did comment about the monkey's paw again

Der Rest des Tages verlief recht ereignislos
the rest of the day was quite uneventful
Mr. und Mrs. White machten sich zum Abendessen fertig
Mr. and Mrs. White were getting ready to have dinner
Sie erwarteten Herbert jeden Augenblick zurück
They were expecting Herbert back any minute now
Mrs. White kam auf ihren Sohn zu sprechen
Mrs White got to talking about her son
"Er wird noch ein paar seiner lustigen Bemerkungen machen"
"He'll have some more of his funny remarks"
"Ich bin überzeugt, daß er es tun wird", sagte Mr. White
"I'm sure he will," said Mr. White
Und er schenkte sich Bier ein
and he poured himself out some beer
"Aber, Spaß beiseite, das Ding bewegte sich in meiner Hand"
"but, joking aside, the thing moved in my hand"
›Das dachten Sie‹, sagte die alte Dame beschwichtigend
""you thought," said the old lady, soothingly

"Ich sage, es hat sich bewegt", erwiderte der andere
"I say it DID move," replied the other
"Es gab keinen 'Gedanken' darüber"
"There was no 'thought' about it"
"Ich war kurz davor... Was ist los?"
"I was about to... What's the matter?"
Seine Frau antwortete nicht
His wife made no reply
Draußen beobachtete sie die mysteriösen Bewegungen eines Mannes
She was watching the mysterious movements of a man outside
Er schien sich zu entschließen, einzutreten
He appeared to be trying to make up his mind to enter
Sie stellte eine mentale Verbindung zu den zweihundert Pfund her
she made a mental connection with the two hundred pounds
Und sie bemerkte, dass der Fremde gut gekleidet war
and she noticed that the stranger was well dressed
Er trug einen seidenen Hut von glänzender Neuheit
He wore a silk hat of glossy newness
Dreimal blieb er am Tor stehen
Three times he paused at the gate
Dann ging er wieder weg
Then he walked away again
Das vierte Mal stand er mit der Hand auf dem Tor
The fourth time he stood with his hand on the gate
Entschlossen stieß er das Tor auf
resolutely, he flung the gate open
Und er ging den Weg hinauf zum Haus
and he walked up the path towards the house
Hastig löste sie die Schnüre ihrer Schürze

She hurriedly unfastened the strings of her apron
und steckte die Schürze unter das Kissen ihres Stuhls
and put that apron beneath the cushion of her chair
Dann ging sie zur Tür, um den Fremden hereinzulassen
then she went to the door to let the stranger in
Er trat langsam ein und sah sie verstohlen an
He entered slowly, and gazed at her furtively
Die alte Dame entschuldigte sich für das Erscheinungsbild des Zimmers
the old lady apologized for the appearance of the room
aber er hörte in einer besorgten Weise zu
but he listened in a preoccupied fashion
Sie entschuldigte sich auch für den Mantel ihres Mannes
She also apologized for her husband's coat
ein Kleidungsstück, das er normalerweise für den Garten reservierte
a garment which he usually reserved for the garden
Sie wartete geduldig darauf, dass er sagte, warum er gekommen war
She waited patiently for him to say why he had come
aber er schwieg zuerst merkwürdig
but he was at first strangely silent
"Man hat mich gebeten, zu Ihnen zu kommen," sagte er endlich
"I was asked to come to you," he said, at last
Er bückte sich, um ein Stück Watte aus seiner Hose zu ziehen
He stooped to pick a piece of cotton from his trousers
"Ich komme aus Maw und Meggins"
"I come from Maw and Meggins"
Die alte Dame erschrak über das, was er gesagt hatte

The old lady was startled by what he had said
"Ist irgend etwas los?" fragte sie atemlos
"Is anything the matter?" she asked, breathlessly
"Ist Herbert etwas zugestoßen?
"Has anything happened to Herbert?
"Was ist das? Was ist mit ihm passiert?"
"What is it? What happened to him?"
"Warte ein wenig, Mutter," sagte ihr Mann hastig
"wait a little, mother," said her husband, hastily
"Setzen Sie sich hin und ziehen Sie keine voreiligen Schlüsse"
"Sit down, and don't jump to conclusions"
"Ich bin mir sicher, dass Sie keine schlechten Nachrichten gebracht haben, Sir"
"You've not brought bad news, I'm sure, Sir"
Und er beäugte den Fremden wehmütig
and he eyed the stranger wistfully
"Es tut mir leid..." begann der Besucher
"I'm sorry..." began the visitor
"Ist er verletzt?" fragte die Mutter wild
"Is he hurt?" demanded the mother, wildly
Der Besucher verbeugte sich zustimmend
The visitor bowed in assent
"Schwer verletzt", sagte er leise
"Badly hurt," he said, quietly
"Aber er hat keine Schmerzen"
"but he is not in any pain"
"Ach, Gott sei Dank!" sagte die Alte
"Oh, thank God!" said the old woman
Und sie faltete die Hände, um zu beten
and she clasped her hands to pray
"Gott sei Dank! Danke..."
"Thank God for that! Thank..."

Sie brach ihren Satz plötzlich ab
She broke off her sentence suddenly
Die unheimliche Bedeutung der Versicherung dämmerte ihr auf
the sinister meaning of the assurance dawned upon her
Sie blickte in das abgewandte Gesicht des Fremden
she looked into the strangers averted face
Und sie sah die schreckliche Bestätigung ihrer Befürchtungen
and she saw the awful confirmation of her fears
Sie hielt für einen Moment den Atem an
she caught her breath for a moment
Und sie wandte sich an ihren langsameren Gatten
and she turned to her slower-witted husband
Sie legte ihre zitternde alte Hand auf seine Hand
She laid her trembling old hand upon his hand
Es herrschte eine lange Stille im Raum
There was a long silence in the room
Schließlich brach der Besucher mit leiser Stimme das Schweigen
finally the visitor broke the silence, in a low voice
"Er war in der Maschinerie gefangen"
"He was caught in the machinery"
"Gefangen in der Maschinerie", wiederholte Mr. White
"Caught in the machinery," repeated Mr. White
Er murmelte die Worte benommen vor sich hin
he muttered the words in a dazed fashion
Er saß da und starrte ausdruckslos zum Fenster hinaus
He sat staring blankly out at the window
Er nahm die Hand seiner Frau zwischen die seine
he took his wife's hand between his own
Sanft wandte er sich dem Besucher zu
he turned gently towards the visitor

"Er war der Einzige, der uns geblieben ist"
"He was the only one left to us"
"Es ist schwer", antwortete der andere
"It is hard," The other replied
Er erhob sich und ging langsam zum Fenster
Rising, he walked slowly to the window
"Die Firma wollte, dass ich ihr aufrichtiges Mitgefühl ausspreche"
"The firm wished me to convey their sincere sympathy"
"Wir erkennen an, dass Sie einen großen Verlust erlitten haben"
"we recognize that you have suffered a great loss"
aber er war nicht in der Lage, ihnen in die Augen zu sehen
but he was unable to look them in the eyes
"Ich bitte Sie, dass Sie verstehen, dass ich nur ihr Bote bin."
"I beg that you will understand I am only their messenger"
"Ich gehorche nur den Befehlen, die sie mir gegeben haben"
"I am merely obeying the orders they gave me"
Von dem alten Ehepaar kam keine Antwort
There was no reply from the old couple
Das Gesicht der alten Frau war weiß
The old woman's face was white
Ihre Augen starrten
Her eyes were staring
Ihr Atem war unhörbar
Her breath was inaudible
Ihr Mann blickte in die Ferne
her husband was looking into some middle distance
"Maw und Meggins weisen jede Verantwortung von

sich"
"Maw and Meggins disclaim all responsibility"
"Sie übernehmen überhaupt keine Haftung"
"They admit no liability at all"
"Aber sie nehmen Rücksicht auf die Dienste Ihres Sohnes."
"but they are considerate of your son's services"
"Sie wollen Ihnen eine Entschädigung zukommen lassen"
"they wish to present you with some compensation"
Mr. White ließ die Hand seiner Frau fallen
Mr. White dropped his wife's hand
Er erhob sich für das, was er fragen wollte
he rose to his feet for what he was about to ask
Und er blickte mit einem Blick des Entsetzens auf seinen Besucher
and he gazed with a look of horror at his visitor
Seine trockenen Lippen formten die Worte: "Wie viel?"
His dry lips shaped the words, "How much?"
"Zweihundert Pfund", lautete die Antwort
"Two hundred pounds," was the answer
Seine Frau stieß einen Schrei aus, als sie die Nummer hörte
his wife gave out a shriek when she heard the number
Der alte Mann lächelte nur schwach
the old man only smiled faintly
Er streckte die Hände aus wie ein Blinder
He held out his hands like a sightless man
Und er fiel in einen sinnlosen Haufen auf den Boden
and he dropped into a senseless heap on the floor

- Dritter Teil -
- Part Three -

Auf dem riesigen neuen Friedhof
In the huge new cemetery
zwei Meilen vom Haus entfernt
two miles away from the house
Die Alten begruben ihren toten Sohn
the old people buried their dead son
Sie kehrten zusammen in ihr Haus zurück
They came back to their house together
sie waren in Schatten und Stille getaucht
they were steeped in shadow and silence
Es war alles so schnell vorbei
It was all over so quickly
Sie konnten kaum fassen, was geschehen war
they could hardly take in what had happened
Sie verharrten in einem Zustand der Erwartung
They remained in a state of expectation
als ob etwas anderes passieren würde
as though of something else was going to happen
etwas anderes, das diese Last erleichtern sollte
something else, which was to lighten this load
Die Last ist zu schwer für alte Herzen, um sie zu tragen
the load too heavy for old hearts to bear
Doch die Tage vergingen ohne Erleichterung
But the days passed without any relief
und die Erwartung wich der Resignation
and expectation gave place to resignation
Die hoffnungslose Resignation des Alten
The hopeless resignation of the old
Manchmal wird es fälschlicherweise als Apathie bezeichnet

sometimes it is miscalled apathy
In dieser Zeit wechselten sie kaum ein Wort
in this time they hardly exchanged a word
Jetzt hatten sie nichts mehr zu besprechen
Now they had nothing to talk about
Ihre Tage waren lang, vor Müdigkeit
their days were long, from the weariness

Es war etwa eine Woche nach der Beerdigung
It was about a week after the funeral
Der alte Mann erwachte plötzlich in der Nacht
the old man woke suddenly in the night
Er streckte die Hand aus
He stretched out his hand
Er stellte fest, dass er allein im Bett war
he found he was alone in bed
Der Raum lag im Dunkeln
The room was in darkness
Das Geräusch eines gedämpften Weinens drang aus dem Fenster
The sound of subdued weeping came from the window
Er richtete sich im Bett auf und lauschte
He raised himself in bed and listened
"Komm zurück", sagte er zärtlich
"Come back," he said, tenderly
"Du wirst frieren", warnte er sie
"You will be cold," he warned her
"Für meinen Sohn ist es kälter!" sagte die Alte
"It is colder for my son," said the old woman
Und sie weinte noch mehr als zuvor
and she wept even more than before
Der Klang ihres Schluchzens verhallte in seinen Ohren
The sound of her sobs died away on his ears

Das Bett war warm und bequem
The bed was warm and comfortable
Seine Augen waren schwer vom Schlaf
His eyes were heavy with sleep
Er schlief, bis ihn ein plötzlicher Schrei seiner Frau weckte
he slept until a sudden cry from his wife awoke him
"Die Pfote!" schrie sie wild, "die Affenpfote!"
"The paw!" she cried wildly, "The monkey's paw!"
Er erhob sich erschrocken aus dem Bett
He got out of bed in alarm
"Wo? Wo ist es?" fragte er
"Where? Where is it?" he demanded
"Was ist mit der Affenpfote los?"
"What's the matter with the monkey's paw?"
Sie stolperte quer durch den Raum auf ihn zu
She came stumbling across the room toward him
"Ich will die Affenpfote", sagte sie leise
"I want the monkey's paw," she said, quietly
"Du hast es doch nicht zerstört, oder?"
"You've not destroyed it, have you?"
"Es ist in der Stube", antwortete er erstaunt
"It's in the parlour" he replied, marvelling
"Warum willst du die Affenpfote?"
"Why do you want the monkey's paw?"
Sie weinte und lachte zugleich
She cried and laughed at the same time
Sie beugte sich vor und küsste ihn auf die Wange
Bending over, she kissed his cheek
"Ich habe gerade erst daran gedacht", sagte sie hysterisch.
"I only just thought of it," she said, hysterically.
"Warum bin ich nicht schon früher darauf

gekommen?"
"Why didn't I think of it before?"
"Warum bist du nicht darauf gekommen?"
"Why didn't you think of it?"
"Woran haben wir nicht gedacht?" fragte er
"what didn't we think of?" he questioned
"Die beiden andern Wünsche", erwiderte sie rasch
"The other two wishes," she replied, rapidly
"Wir hatten nur einen unserer Wünsche"
"We've only had one of our wishes"
"War das nicht genug?" fragte er grimmig
"Was that not enough?" he demanded, fiercely
"Nein!" rief sie triumphierend
"No," she cried, triumphantly
"Wir werden uns noch einen Wunsch aussprechen"
"we will make one more wish"
"Geh runter und hol es dir schnell"
"Go down and get it quickly"
"Und wünsche unserem Jungen wieder Leben"
"and wish our boy alive again"
Der Mann setzte sich im Bett auf
The man sat up in bed
Er warf das Bettzeug von seinen zitternden Gliedern
He flung the bedclothes from his quaking limbs
"Guter Gott, du bist verrückt!" rief er entsetzt
"Good God, you are mad!" he cried, aghast
"Hol dir die Affenpfote", keuchte sie
"Get the monkey's paw," she panted
"Und wünsch dir was. Oh, mein Junge, mein Junge!"
"and make the wish. Oh, my boy, my boy!"
Ihr Mann zündete ein Streichholz an und zündete die Kerze an
Her husband struck a match and lit the candle

"Geh zurück ins Bett", sagte er unsicher
"Get back to bed," he said, unsteadily
"Du weißt nicht, was du sagst"
"You don't know what you are saying"
"Uns wurde der erste Wunsch erfüllt," sagte die Alte fieberhaft
"We had the first wish granted," said the old woman, feverishly
"Warum können wir nicht einen zweiten Wunsch erfüllt bekommen?"
"Why can we not get a second wish granted?"
"Ein Zufall", stammelte der Alte
"A coincidence," stammered the old man
"Geh und hol es und wünsche!" rief seine Frau
"Go and get it and wish," cried his wife
sie zitterte vor Aufregung
she was quivering with excitement
Der alte Mann drehte sich um und sah sie an
The old man turned and regarded her
Seine Stimme zitterte: "Er ist seit zehn Tagen tot."
His voice shook, "He has been dead ten days"
"Und außerdem... Ich würde es Ihnen nicht sagen..."
"and besides... I would not tell you..."
"aber ich konnte ihn nur an seiner Kleidung erkennen"
"but, I could only recognize him by his clothing"
"Er war zu schrecklich, als dass du ihn sehen könntest"
"he was too terrible for you to see"
"Wie konnte er davon zurückgeholt werden?"
"how could he be brought back from that?"
"Bringt ihn zurück!" rief die Alte
"Bring him back," cried the old woman
Sie zog ihn zur Tür
She dragged him toward the door

"Glaubst du, ich fürchte mich vor dem Kind, das ich gestillt habe?"
"Do you think I fear the child I nursed?"
Er ging in der Dunkelheit hinunter
He went down in the darkness
Er tastete sich in die Küche
he felt his way to the kitchen
Dann ging er zum Kaminsims
Then he went to the mantelpiece
Der Talisman war an seinem Platz
The talisman was in its place
Er wurde von einer schrecklichen Angst überwältigt
he was overcome by a horrible fear
die Angst, dass sein Wunsch in Erfüllung gehen würde
the fear that his wish would work
Sein Wunsch würde seinen verstümmelten Sohn zurückbringen
his wish would bring his mutilated son back
Er hatte die Richtung der Tür verloren
he had lost the direction of the door
aber er hielt wieder den Atem an
but he caught his breath again
Seine Stirn war kalt vor Schweiß
His brow was cold with sweat
Sogar das Gesicht seiner Frau schien verändert zu sein
Even his wife's face seemed changed
Ihr Gesicht war weiß und erwartungsvoll
her face was white and expectant
es schien einen unnatürlichen Anblick zu haben
it seemed to have an unnatural look upon it
Er hatte Angst vor ihr
he was afraid of her
"Wunsch!" rief sie mit kräftiger Stimme

"Wish!" she cried, in a strong voice
"Es ist töricht und böse", stotterte er
"It is foolish and wicked," he faltered
"Wunsch!" wiederholte seine Frau
"Wish!" repeated his wife
Er hielt die Pfote und hob die Hand
He held the paw and raised his hand
"Ich wünsche meinem Sohn wieder am Leben"
"I wish my son alive again"
Der Talisman fiel zu Boden
The talisman fell to the floor
Er betrachtete es mit Furcht
He regarded it fearfully
Dann sank er zitternd in einen Stuhl
Then he sank trembling into a chair
Die alte Frau trat mit brennenden Augen ans Fenster
The old woman, with burning eyes, walked to the window
Sie zog die Jalousien hoch und spähte hinaus
she raised the blinds and peered out
Die Alte stand regungslos am Fenster
the old woman stood motionless at the window
Er saß da, bis ihm die Kälte fröstelte
he sat until he was chilled with the cold
Gelegentlich warf er einen Blick auf seine Frau
occasionally he glanced at his wife

Das Ende der Kerze war unterhalb des Randes verbrannt
The candle-end had burned below the rim
Die Flamme warf pulsierende Schatten auf die Wände
the flame threw pulsating shadows on the walls
Mit einem Flackern, das größer war als der Rest,

erlosch es
with a flicker larger than the rest, it went out
Der alte Mann fühlte ein unaussprechliches Gefühl der Erleichterung
The old man felt an unspeakable sense of relief
Der Talisman hatte es versäumt, seinen Wunsch zu erfüllen
the talisman had failed to grand his wish
So schlich sich der alte Mann in sein Bett zurück
so, the old man crept back to his bed
Ein oder zwei Minuten später gesellte sich die Alte zu ihm
A minute or two afterwards the old woman joined him
Schweigend und teilnahmslos legte sie sich neben ihn
she silently and apathetically laid herself beside him
Keiner von beiden sprach, aber sie lagen schweigend da
Neither spoke, but they lay silently
Sie lauschten dem Ticken der Uhr
they listened to the ticking of the clock
Sie hörten das Knarren der Treppe
they heard the creaking of the stairs
und eine quietschende Maus huschte geräuschvoll durch die Wand
and a squeaky mouse scurried noisily through the wall
Die Dunkelheit, die über ihnen hing, war bedrückend
The darkness hanging over them was oppressive
Irgendwann hatte der alte Mann wieder genug Mut
eventually the old man had enough courage again
Er stand auf und nahm die Schachtel mit den Streichhölzern
he got up and took the box of matches
Er zündete ein Streichholz an und ging die Treppe

hinunter, um eine Kerze zu holen
Striking a match, he went downstairs for a candle
Am Fuße der Treppe erlosch das Streichholz
At the foot of the stairs the match went out
Und er hielt inne, um ein weiteres Streichholz anzuzünden
and he paused to strike another match
Im selben Augenblick klopfte es
At the same moment there was a knock
ein Klopfen, das so leise und verstohlen ist, dass es kaum hörbar ist
a knock so quiet and stealthy as to be scarcely audible
Das Klopfen kam von der Haustür
the knock came from the front door
Die Streichhölzer fielen ihm aus der Hand und fielen auf den Boden
The matches fell from his hand and spilled on the floor
Er stand regungslos auf der Treppe
He stood motionless on the stairs
Sein Atem stockte, bis das Klopfen wiederholt wurde
his breath suspended until the knock was repeated
Dann drehte er sich um und flüchtete rasch in sein Zimmer zurück
Then he turned and fled swiftly back to his room
Und er schloß die Tür hinter sich
and he closed the door behind him
Ein drittes Klopfen hallte durch das Haus
A third knock sounded through the house
"Was ist das?" rief die Alte
"What's that?" cried the old woman
"Eine Ratte", sagte der Alte zitternd
"A rat," said the old man in shaking tones
"Eine Ratte, sie rannte auf der Treppe an mir vorbei"

"a rat, it ran past me on the stairs"
Seine Frau setzte sich im Bett auf und hörte zu
His wife sat up in bed, listening
Ein lautes Klopfen hallte durch das Haus
A loud knock resounded through the house
"Es ist Herbert!" schrie sie, "es ist Herbert!"
"It's Herbert!" she screamed, "it's Herbert!"
Sie rannte zur Tür, aber ihr Mann war schneller
She ran to the door, but her husband was quicker
Er packte sie am Arm und hielt sie fest
he caught her by the arm and held her tightly
"Was willst du tun?" flüsterte er heiser
"What are you going to do?" he whispered hoarsely
"Es ist mein Junge; es ist Herbert!" rief sie
"It's my boy; it's Herbert!" she cried
Sie kämpfte mechanisch, um sich zu befreien
she struggled mechanically to break free
"Ich vergaß, dass es zwei Meilen entfernt war"
"I forgot it was two miles away"
"Wofür hältst du mich fest?"
"What are you holding me for?"
"Lass mich gehen. Ich muss die Tür öffnen"
"Let me go. I must open the door"
"Um Gottes willen, laß es nicht herein!" rief der Alte zitternd
"For God's sake don't let it in," cried the old man, trembling
"Du hast Angst vor deinem eigenen Sohn!" rief sie und kämpfte
"You're afraid of your own son," she cried, struggling
"Lass mich gehen. Ich komme, Herbert, ich komme"
"Let me go. I'm coming, Herbert, I'm coming"
Wieder klopfte es, und noch eins

There was another knock, and another
Mit einer plötzlichen Bewegung riß sich die Alte los
with a sudden movement the old woman broke free
Und sie rannte aus dem Zimmer
and she ran out of the room
Ihr Mann folgte ihr bis zum Treppenabsatz
Her husband followed her to the landing
Er rief ihr bittend nach, als sie die Treppe hinuntereilte
he called after her appealingly as she hurried downstairs
Er hörte, wie die Kette der Tür zurückrasselte
He heard the chain of the door rattle back
die Stimme der alten Frau, angestrengt und keuchend
the old woman's voice, strained and panting
"Der Riegel der Tür!" rief sie laut
"The latch of the door" she cried, loudly
"Komm runter, ich kann es nicht erreichen"
"Come down, I can't reach it"
Aber ihr Mann lag auf Händen und Knien
But her husband was on his hands and knees
Er tastete wild auf dem Boden herum
he was groping wildly on the floor
Er suchte verzweifelt nach der Pfote
he was frantically searching for the paw
Wenn er es nur finden könnte, bevor das Ding draußen hereinkommt
If he could only find it before the thing outside got in
Ein perfektes Feuer von Schlägen hallte durch das Haus
A perfect fusillade of knocks reverberated through the house
Er hörte das Kratzen eines Stuhls
He heard the scraping of a chair
Seine Frau hatte den Stuhl an die Tür gestellt

his wife had put the chair against the door
Er hörte das Knarren des Bolzens
He heard the creaking of the bolt
Im selben Augenblick fand er die Tatze des Affen
At the same moment he found the monkey's paw
Hektisch hauchte er seinen dritten und letzten Wunsch
frantically he breathed his third and last wish
Das Klopfen hörte plötzlich auf
The knocking ceased suddenly
aber das Echo davon war noch im Hause
but the echoes of it were still in the house
Er hörte, wie der Stuhl zurückgezogen wurde
He heard the chair being pulled back
Und er hörte, wie die Tür geöffnet wurde
and he heard the door being opened
Ein kalter Wind rauschte die Treppe herauf
A cold wind rushed up the staircase
und ein langes, lautes Wehklagen der Enttäuschung folgte dem Wind
and a long loud wail of disappointment followed the wind
Es gab ihm Mut, an ihre Seite zu laufen
it gave him courage to run down to her side
Dann lief er zum Tor des Hauses
Then he ran to the gate of the house
Die Straßenlaterne flackerte auf einer stillen und verlassenen Straße
The street lamp flickered on a quiet and deserted road

Das Ende
The End

www.tranzlaty.com

www.ingramcontent.com/pod-product-compliance
Lightning Source LLC
Chambersburg PA
CBHW011954090526
44591CB00020B/2773